DATE DUE

**DESCUBRAMOS
PAÍSES DEL MUNDO**

Descubramos

CHINA

Jillian Powell

Gareth Stevens
Publishing

Please visit our web site at: www.garethstevens.com
For a free color catalog describing our list of high-quality books,
call 1-800-542-2595 (USA) or 1-800-387-3178 (Canada).

Library of Congress Cataloging-in-Publication Data available upon request from publisher.

ISBN-13: 978-0-8368-8183-7 (lib.bdg.)
ISBN-13: 978-0-8368-8190-5 (softcover)

This North American edition first published in 2008 by
Gareth Stevens Publishing
A Weekly Reader® Company
1 Reader's Digest Road
Pleasantville, NY 10570-7000 USA

This U.S. edition copyright © 2008 by Gareth Stevens, Inc.
Original edition copyright © 2006 by Franklin Watts.
First published in Great Britain in 2006 by Franklin Watts,
338 Euston Road, London NW1 3BH, United Kingdom.

Series editor: Sarah Peutrill
Art director: Jonathan Hair
Design: Storeybooks Ltd.

Gareth Stevens managing editor: Valerie J. Weber
Gareth Stevens art direction: Tammy West
Gareth Stevens graphic designers: Charlie Dahl and Dave Kowalski

Spanish Edition produced by A+ Media, Inc.
Editorial Director: Julio Abreu
Chief Translator: Adriana Rosado-Bonewitz
Associate Editors: Janina Morgan, Bernardo Rivera, Rosario Ortiz, Carolyn Schildgen
Graphic Design: Faith Weeks

Photo credits: (t=top, b=bottom, l=left, r=right, c=center)
Paul Barton/Corbis: 21. Claro Cortes IV/Reuters/Corbis: 23. Bernd Ducke/Superbild/A1 Pix: 17, 26.
Ric Ergenbright/Corbis: 15b. Haslin/Sygma/Corbis: 24. Jon Hicks/Corbis: 11b, 18t, 20t. Earl and Nazima
Kowall/Corbis: 12. Bob Krist/Corbis: 9t. Photocuisine/Corbis: 20b. Carl and Ann Purcell/Corbis: 15t.
Keren Su/Corbis: 1, 7t. Keren Su/Lonely Planet Images: 10. Superbild/A1 Pix: 6, 7b, 9b, 11t, 18b, 22, 25t, 27b.
Superbild/Haga/A1 Pix: 13, 19, 25b. Superbild/Incolor/A1 Pix: front cover, 4, 8, 16, 27t. Peter Turnley/Corbis: 14.

Every effort has been made to trace the copyright holders for the photos used in this book. The publisher apologizes,
in advance, for any unintentional omissions and would be pleased to insert the appropriate acknowledgements in any
subsequent edition of this publication.

Printed in the United States of America

1 2 3 4 5 6 7 8 9 11 10 09 08 07

Contenido

Las palabras definidas en el glosario están impresas en **negritas** la primera vez que aparecen en el texto.

¿Dónde está China?

China está en el este de Asia. Es el cuarto país más grande del mundo después de Rusia, Canadá y los Estados Unidos.

La capital, Beijing, está en el noreste de China. Beijing es una de las ciudades más grandes de China, con más de 15 millones de habitantes. La ciudad se estableció hace más de 3 mil años. Tiene hermosos **templos**, palacios y parques junto a modernos rascacielos.

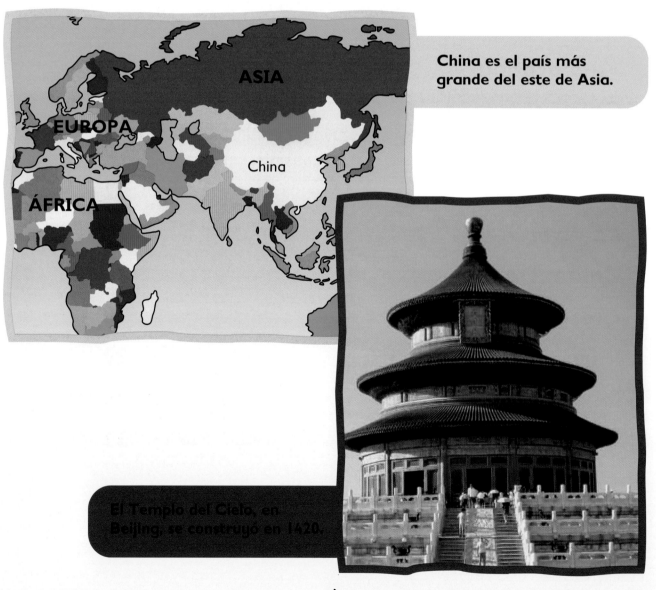

China es el país más grande del este de Asia.

El Templo del Cielo, en Beijing, se construyó en 1420.

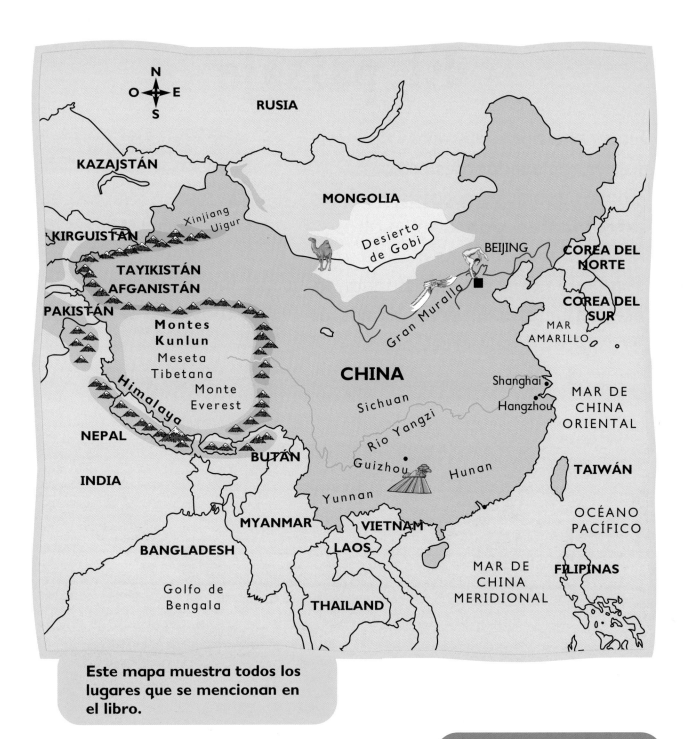

Este mapa muestra todos los lugares que se mencionan en el libro.

China comparte fronteras con 14 países incluyendo Rusia, Mongolia e India. Sus costas bordean el océano Pacífico, el mar Amarillo, el mar de China Oriental y el mar de China Meridional.

¿Lo sabías?

Los chinos a menudo llaman su país *Zhÿnghuá*, que significa "el Reino Medio".

El paisaje

China tiene tipos diferentes de paisajes, incluyendo desiertos arenosos, planicies rocosas, bosques **subtropicales**, **pantanos** y altas montañas nevadas. Las más altas están en el norte y oeste. Rodean la meseta Tibetana, un área grande de tierras altas donde crece poco.

La Gran Muralla mide 6,000 kilómetros (3,700 millas) y pasa por montañas, desiertos y valles de ríos. Se construyó para evitar la entrada de los enemigos de China. Tomó cientos de años para terminarla.

Una niña trabaja en arrozales en terrazas en Longji.

Menos de una cuarta parte de las tierras chinas se puede cultivar. Las más **fértiles** están en el centro y este de China. Ahí, los ríos llevan agua a las amplias llanuras. Las **terrazas** se trazan en las laderas para cultivar arroz, té y verduras.

El río Yangzi es el más largo de China.

Clima y estaciones

Gran parte de China es templada, pero el norte y el sur son muy diferentes. El clima del norte es más frío y seco que el del sur. Cae poca lluvia y soplan helados vientos desde Siberia en el invierno. En el norte del desierto de Gobi, puede hacer mucho calor en el verano. Las temperaturas suben a los 113 °Fahrenheit (45 °Celsius). Pueden bajar en el invierno a los -40 °F (-40 °C).

Los camellos llevan mercancías por el desierto de Gobi.

¿Lo sabías?

En partes del norte de China, la nieve cae 150 días al año.

La gente se refresca en una fuente de Hong Kong en el sur.

La mayor parte del sur de China es **tropical**, con clima cálido y mucha lluvia todo el año. Sin embargo, en la cordillera del Himalaya en el sudoeste de China, el clima es **subártico**. Los veranos son cortos y los inviernos son largos y fríos.

Una pareja lleva trajes tradicionales del Tíbet, donde el clima es subártico.

En la temporada del **monzón** de verano, entre mayo y septiembre, fuertes vientos y lluvias llegan del océano Pacífico. Los **tifones** pueden golpear la costa sudeste entre julio y septiembre y crear daños e inundaciones.

La gente de China

Más de 1.3 mil millones de personas viven en China. La mayoría son chinos *han*. Hace más de cuatro mil años que ellos han vivido ahí. Hablan un idioma llamado chino mandarín.

También hay más de 70 millones de personas de otros **grupos étnicos** en China. Estos grupos incluyen mongoles, tibetanos, zhuang, jino y miao. Cada grupo tiene su propio idioma, **cultura**, religión y vestido tradicional.

Una multitud se reúne para un festival en la región Guizhou.

¿Lo sabías?

Una de cada cinco personas en el mundo es china.

Las tradiciones y ceremonias religiosas son importantes en la vida diaria de China. Algunas personas practican religiones populares. Adoran a dioses y diosas diferentes. Otras personas son **budistas**, **taoístas**, musulmanas o cristianas.

Los jino viven en las montañas de Yunnan. Las mujeres jino son famosas por sus hermosos tejidos.

Un grupo practica tai chi en un parque de Shanghai. El tai chi es un sistema popular de ejercicios en China.

Escuela y familia

La mayoría de los chinos respeta mucho a los ancianos y a sus **antepasados**. Los abuelos a menudo viven con sus nietos o cerca de ellos. Ayudan a los padres que trabajan a cuidar a los niños. Las familias a menudo cuidan en casa a sus parientes ancianos.

En el festival de Ching Ming, las familias recuerdan a sus antepasados y meriendan junto a sus tumbas.

Estos niños de **Xinjiang Uigur**, en el norte de **China**, aprenderán a leer y escribir otro idioma además del chino.

La mayoría de los niños empieza la escuela a los 6 años. En general, van a la escuela durante 9 años. El día en general empieza a las 8 a.m. y termina a las 4 p.m. Muchas escuelas tienen diez minutos de ejercicios físicos antes de que comiencen las clases.

¿Lo sabías?

El primero de junio es el Día del Niño en China. Los niños hacen algo divertido en vez de ir a la escuela.

Vida rural

Más de dos tercios de los chinos viven en aldeas y trabajan en el campo. Algunos chinos tienen terrenos pequeños donde cultivan alimentos para sus familias. A veces tienen cerdos, pollos o patos. También venden comida en los mercados.

¿Lo sabías?

China cultiva más sandías que cualquier otro país.

Esta pareja, que vive en la región de Sichuan, carga cubos de agua para sus cultivos.

Los granjeros preparan campos inundados para plantar arroz. Usan bueyes, que son un tipo de ganado.

Los granjeros recolectan hojas de té cerca de Hangzhou.

Muchos granjeros usan herramientas manuales y animales para sembrar y cosechar. Otros usan tractores para arar los campos y llevar comida a vender a los mercados.

En el norte de China, en general se cultivan trigo, mijo, o semillas de soja. Al sur del río Yangzi, donde el clima es más cálido y húmedo, los granjeros cultivan té y arroz.

Vida urbana

Sólo menos de un tercio de los chinos vive en ciudades. En muchas ciudades viven varios millones de personas y hay poco espacio. Las ciudades más grandes son Shanghai y Beijing, la capital. Son ciudades modernas con muchos rascacielos. Estos enormes edificios tienen oficinas, casas, tiendas y restaurantes.

Hay mucha gente en esta activa calle de tiendas de Shanghai.

Mucha gente va en bicicleta al trabajo en las ciudades chinas.

En el área de Beijing ha vivido gente por más de 2,000 años. Hoy en día, Beijing tiene largas calles de tiendas, mercados y áreas antiguas de callejones estrechos llamadas *hutongs*. Los centros comerciales, enormes edificios modernos y las fábricas se han construido alrededor del centro de la ciudad.

Casas chinas

En ciudades donde hay mucha gente, la mayoría vive en pequeños apartamentos en grupos de rascacielos. Algunas escuelas, fábricas y empresas les dan hogares a sus trabajadores en esos apartamentos. En las áreas más antiguas de muchas ciudades, las casas se construyeron en torno a **patios**. Hoy en día muchas de esas casas se han dividido en casas más pequeñas.

Algunos trabajadores de Hong Kong viven en estos bloques de apartamentos.

Estas casas tradicionales de Beijing están construidas en torno a un patio con un jardín pequeño.

Para construir estas viejas casas de campo en el sur de China, se usaron piedras locales.

En el campo, muchas de las casas son de un piso y están construidas de lodo, ladrillos de arcilla o piedra. Donde llueve mucho, las casas se construyen sobre plataformas elevadas para que se mantengan secas.

¿Lo sabías?

Algunos chinos viven en cuevas. Otros viven en botes llamados sampanes.

Comida china

Muchos alimentos frescos se venden en mercados como éste de Beijing.

El arroz es la base de muchos platos, en especial en el sur de China. En el norte, del trigo se hace pan, fideos y bolitas de masa guisada llamadas *jiaozi*.

Hay muchos platos y comida regional. En Sichuan y Hunan, la comida lleva muchas especias y es picante. En el sur de China, los platos incluyen cerdo agridulce y dim sum, que son bolitas de masa al vapor o fritas hechas de harina y agua.

Es común servir los refrigerios dim sum en canastitas.

Los niños chinos aprenden a usar los palillos gracias a sus padres y abuelos.

Los alimentos al vapor y los fritos y revueltos en aceite son populares en muchas partes. Los alimentos se comen con **palillos** y a menudo se sirven en varios platos pequeños. Comer juntos es una parte importante de la vida familiar.

¿Lo sabías?

Los niños chinos comen fideos en sus cumpleaños para tener suerte y una larga vida.

21

El trabajo

Cerca de la mitad de los chinos trabaja en la agricultura.
No hay mucho trabajo en el campo, así que muchos son
pobres. Muchos jóvenes se están yendo a las ciudades
para encontrar trabajos en fábricas u oficinas.

Esta mujer decora un florero en una fábrica de **porcelana**.

En esta fábrica se hacen plásticos y químicos.

Las fábricas chinas hacen maquinaria, autos, aviones, ropa, equipo electrónico, plástico y **cerámica**. También producen hierro, acero y gas. Ahora hay más trabajos en cines, hoteles, restaurantes y tiendas en las activas ciudades chinas.

¿Lo sabías?

Los chinos inventaron el papel y los fuegos artificiales.

La diversión

A los chinos les gusta mantenerse sanos. Los deportes populares son ping pong, bádminton, voleibol y vuelo de cometas. Algunas escuelas y fábricas apoyan a equipos de estudiantes o trabajadores deportistas. La gente disfruta de los juegos de mesa como ajedrez chino y **mahjong**, que se juega con cuadros.

Estos aficionados al bádminton apoyan al equipo chino en las Olimpiadas.

Hay funciones de la ópera de Beijing en todo el mundo. Las estrellas llevan coloridos disfraces y maquillajes.

Los artistas de ópera, de circo y acróbatas son famosos en todo el mundo. Muchos acróbatas chinos comenzaron a entrenar cuando eran niños pequeños.

Los festivales chinos incluyen fiestas, música, desfiles y fuegos artificiales. El festival más importante es el Año Nuevo chino, que se celebra en enero o febrero.

Los bailarines se visten de dragones o leones en el desfile del Año Nuevo.

China: Datos

- China es un país **comunista** llamado República Popular China. El presidente es el jefe de gobierno y el poder lo controlan los principales miembros del Partido Comunista.

- China está dividido en 23 provincias, 5 regiones y 4 ciudades principales. Cada área elige a los miembros del Congreso Nacional Popular, que hace las leyes en China.

- Con más de 1.3 mil millones de personas, China es el país más poblado del mundo.

La bandera de China tiene estrellas amarillas sobre un fondo rojo.

Los brillantes rascacielos llenan el distrito banquero y comercial de Shanghai.

El idioma que más se habla en el mundo es el chino mandarín.

La moneda china es el renminbi, que significa "moneda del pueblo".

Glosario

antepasados – miembros de la familia que vivieron hace mucho tiempo

budistas – gente que sigue las enseñanzas de Buda, quien vivió cerca de 563 a 488 a.C. La religión del budismo se sigue por toda el Asia central y oriental.

cerámica – objetos hechos de arcilla o porcelana horneada

comunista – describe un sistema de gobierno que trata de crear un país donde todos son iguales. El gobierno posee todos los negocios y tierras en lugar de los individuos.

cultura – forma de vivir, creencias y arte de una nación o grupo específico de personas

fértiles – tener tierras buenas para los cultivos

grupos étnicos – gente que comparte origen, cultura e idioma en común

hutongs – callejones estrechos

mahjong – un juego popular chino que se juega con conjuntos de cuadros

monzón – vientos que vienen con fuertes lluvias en un momento específico del año

palillos – palitos largos utilizados para comer

pantanos – tierras planas y húmedas

patios – espacios que están junto o en medio de casas, palacios o edificios

porcelana – cerámica lisa y blanca

subártico – tipo de paisaje o clima que se encuentra cerca del círculo Polar Ártico donde es muy frío

subtropicales – relacionado con la tierra cerca de los trópicos y describe áreas que son húmedas y cálidas

taoístas – gente que sigue las creencias del taoísmo, que se basan en las enseñanzas de Lao Tzu, quien vivió en el siglo sexto a. C. en China

templos – edificios utilizados para oraciones y servicios religiosos

terrazas – describe un suelo cortado en niveles o campos como escalones

tifones – violentas tormentas tropicales

tradicionales – describe las maneras y creencias que se han pasado a través de un grupo durante muchos años

tropical – describe regiones cálidas y húmedas cerca del ecuador

Para más información

Ancient China
www.historyforkids.org/learn/china

A to Z Kids Stuff: China
www.atozkidsstuff.com/chinal.html

Time for Kids: China
www.timeforkids.com/TFK/hh/goplaces/main/0,20344,536982,00.html

Holidays and Festivals: China
www.studyzone.org/testprep/ss5/b/comholchinal.cfm

Nota del editor para educadores y padres: Nuestros editores han revisado meticulosamente estos sitios Web para asegurarse de que son apropiados para niños. Sin embargo, muchos sitios Web cambian con frecuencia, y no podemos asegurar que el contenido futuro del sitio seguirá satisfaciendo nuestros estándares altos de calidad y valor educativo. Se le advierte que se debe supervisar estrechamente a los niños siempre que tengan acceso al Internet.

Mi mapa de China

Fotocopia o calca el mapa de la página 31. Después, escribe los nombres de los países, extensiones de agua, regiones, ciudades y zonas terrestres y montañas que se listan a continuación. (Mira el mapa de la página 5 si necesitas ayuda.)

Después de escribir los nombres de todos los lugares, ¡colorea el mapa con crayones!

Países
China
India
Mongolia
Nepal
Rusia

Extensiones de agua
mar Amarillo
mar Meridional de China
mar Oriental de China
océano Pacífico
río Yangzi

Regiones
Guizhou
Hunan
Sichuan

Xinjiang Uigur
Yunnan

Ciudades
Beijing
Hangzhou
Hong Kong
Longji
Shanghai

Zonas terrestres y montañas
desierto de Gobi
Himalaya
meseta Tibetana
monte Everest

Índice